가슴에 피는
시 하나 꽃 하나

가슴에 피는
시 하나 꽃 하나

펴 낸 날   2018년 1월 15일

지 은 이	김명희
펴 낸 이	최지숙
편집주간	이기성
편집팀장	이윤숙
기획편집	최유윤, 이하영, 이민선
표지디자인	최유윤
책임마케팅	임용섭
펴 낸 곳	도서출판 생각나눔
출판등록	제 2008-000008호
주 소	서울 마포구 동교로 18길 41, 한경빌딩 2층
전 화	02-325-5100
팩 스	02-325-5101
홈페이지	www.생각나눔.kr
이 메 일	bookmain@think-book.com

• 책값은 표지 뒷면에 표기되어 있습니다.
ISBN 978-89-6489-810-9 (03810)

• 이 도서의 국립중앙도서관 출판 시 도서목록(CIP)은 서지정보유통지원시스템 홈페이지 (http://seoji.nl.go.kr)와 국가자료공동목록시스템(http://www.nl.go.kr/kolisnet)에서 이용하실 수 있습니다(CIP제어번호: CIP2018000219).

Copyright ⓒ 2018 by 김명희, All rights reserved.
• 이 책은 저작권법에 따라 보호받는 저작물이므로 무단전재와 복제를 금지합니다.
• 잘못된 책은 구입하신 곳에서 바꾸어 드립니다.

프롤로그

작가 한마디

어느 틈엔가 계절이 여름을 닮아 있다.

창을 열면 성근 신록으로 산이 멀게만 보이더니,

며칠 사이 푸르른 녹음으로 짙어 있다.

아이들 손을 잡고 아파트 한 바퀴를 돌아봤더니,

담벼락으로 덩굴장미가 화려하고,

아파트 자투리땅 사이에 망초꽃도 하얗게 피어 있었다.

벚나무 가지마다,

햇살에 까맣게 영근 버찌들이 탐스럽다.

조심스레 한 가지를 늘어뜨려,

몇 알을 손에 넣었더니, 금방 손바닥을 까맣게 물들이고,

한 알 입에 넣었더니,

조금은 쌉싸름한 그 맛이 혀끝에 오래 머문다.

아이들 보기에 민망스러운 엄마 행동임도 알지만, 오늘만큼은

엄마는 왜 그렇게 신나는지.

아이들도 깔깔 웃음으로 넘어간다.

지금은

온통 욕조 가득히 비누 거품으로 채우며,

장난을 하더니,

잠시, 늦은 낮잠(?) 속에 빠져들었다.

살포시 사과 향내를 피우며,

자는 모습에 입맞춤을 해보며 행복해한다.

생각은 늘.

내 아이들이 햇살의 마음을 닮아 먼저 베풀고,

사랑할 줄 아는 아이로,

들녘의 넓은 가슴으로 먼저 마음의 문을 열며,

소중함을 아는 아이로.

맑고, 따스하고 깨끗한 정서를 가진 그런 아이들로 키우고,

또 그렇게 자라주기를 바라면서도,

욕심을 내고, 또 매를 들기도 한다.

그래.

내 사랑하는 아이들- 석현이 유진이….

언제나 곱고 맑은 웃음을 피워내는 내게로 하늘이 내려준 '천사'

오로지 내게로만,

나를 믿고 내게 맡긴 신(神)의 보물이다.

오늘은 문득 그렇게 생각을 해본다.

***

아이들이 초등학교도 입학 전인 4~5살 무렵에 적은 하루 일상을 문득 꺼내보았다.
이런 시간이 있었구나 할 만큼
석현이가 23살 유진이는
어느새 19살이 되었다.
'다르다는' 것이
얼마나 많은 것들을 버리고 비우고,
그리고 인내해야 했는지 돌아다보면
조금 아프고 조금 다른 아이를 키우면서 보고 느끼고 인정할 수 없었던 시간은 때로는 마음속 응어리가 생기고,
때로는 수렁 속으로 빠져드는 전쟁 같은 매일 이였던 때도 있었다.
하지만 느림의 미학을 깨닫고 인내하는 삶의 의미를 배울 수 있었다.
그리고
안으로 흐르는 갈등·동요·힘든 시간을
삭히기 위해 아이들이 자는 한밤이면 유일한 나만의 시간 안에서

커피 한 잔과 하루를 정리하는 시간이 유일하게 나에게 주어지는 나의 시간이 되었고,
그 시간이 하루 이틀 습관처럼 젖어 들어 돌아보며 힘들고 지치고 그럴 때 속내를 꺼내서 글을 쓰는 시간이 얼마나 큰 힘이 되고 위안이 되었던지.
그런 연유로
하루의 일상을 적어보다.
시를 만나게 되면서 말이 아닌 함축된 언어의 묘미와 군더더기를 배제한 진정한 글을 만나게 되고,
아직은 어설프지만 등단을 하게 되었다.
상실의 시대
혼란의 시대에 상큼하고 소나기 같은 청량감으로 글을 써서
누군가의 가슴에 내리고 싶다.
소망 하나는 언젠가부터 조금 다르고 조금 느리고 그렇다는 이유만으로 아프고 소외당하는 이웃이 많음을 스스로 지나와 보니 주위의 아프고 슬픈 이웃이 눈에 들어왔다.
남편이 중소기업을 운영하고 있는데,
우리의 꿈은
그런 이웃에게 따뜻한 마음도 좋지만 함께 어울려질 터를 만들어 세

상은 참 살 만한 곳이고,
어울려 사는 게 참살이임을 느끼고 사회일원으로 필요한 사람으로
인정받으며 함께하는 그런 장을 열어가는 게 소망이고 꿈이다.
그 속에서 내가 쓴 시가 어려움을 이기고 힘이 생기고
그런 매개체의 역할을 한다며.
그 마음을 함께 쓰고 전하는, 그래서
살아있는 글
숨 쉬는 시를 쓰고 싶다.

2017년 11월
초겨울비가 하루종일 내리던 날에

| 목 차 |

가슴으로 · 피는 · 시 · 하 나 · 꽃 · 하 나

제1부

봄에 만난 연둣빛 행복

봄 마중 · 14 / 아카시아 · 17 / 꽃이 전하는 말을 듣는다 · 19 / 봄날 · 22 / 장흥 가는 길 · 24 / 새 한 마리 · 26 / 들꽃 · 27 / 봄날 기지개 · 29 / 새 터에서 맞는 아침 · 31 / 5월 연서 · 33 / 초파일 연등 꽃이 피다 · 35

제2부

그리움도 때로는

칡넝쿨 · 38 / 봉숭아 꽃물 · 40 / 초하 · 42 / 고향 집 · 44 / 장마 · 46 / 낙화 · 48

제3부

가을 그 쓸쓸함에 대하여

추석 · 50 / 코스모스의 계절 · 52 / 민들레 홀씨 날아와 · 54 / 간이역 · 55 / 은행나무 아래서 · 57 / 입추 · 58 / 가을이 말한다 · 60 / 가을날 · 62 / 만추 · 64 / 가을 오후 · 66

제4부

겨울 비울 수 있는 참사랑

초겨울 · 70 / 시래기 예찬 · 71 / 해바라기 꿈 · 72 / 까치밥 · 74 / 겨울비 · 75 / 크리스마스 즈음에 · 77 / 겨울 애상 · 80 / 고한선 · 82 / 겨울나무 · 83 / 겨울과 봄 사이 · 84 / 슬픔의 심로 · 86 / 선운사 동백꽃 · 88

제5부

아낌없이 주는 나무 같이

주인 잃은 사랑 · 92 / 아버지의 초상화 · 94 / 시골창고에서 만난 부모님 · 96 / 사모곡 · 98 / 기도 · 101 / 사모곡2 · 103 / 요양병원에서 · 105 / 저녁놀 · 107

제6부

눈물 반 숟가락 행복 한 숟가락

새벽에 문득 깨어 · 110 / 시인의 향기 모임 있던 날 · 112 / 하늘이 주는 위로 · 114 / 비와 커피 · 116 / 마음속 섬 하나 · 118 / 감사하며 살자 · 120 / 치유를 위한 비상 · 122 / 나도 이런 때가 있었을까? · 124 / 자화상 · 126 / 시인과 술꾼 · 128 / 매일의 일정 중에 · 129 / 처음처럼 · 131 / 유진이에게 · 132 / 속마음 버스 · 139 / 수액을 맞으며 · 141 / 함께하는 봄 기슭 · 143 / 울 엄니와의 하루 · 145 / 고해성사 · 147 / 이혼 연습 · 149 / 남편의 꿈이 자라는 곳 · 152 / 평범함이 주는 의미 · 154 / 엄마 생신 · 158 / 나들이 · 159 / 팔월 스무사흘 · 160 / 컴퓨터 바탕화면에 · 164 / 좋은 인연 · 166 / 가족이라는 이름 · 168 / 나를 위로하는 말 · 170 / 중소기업의 희망 풍경 · 172 / 내 나이 칠십하고 어느 날에 · 174

1부

봄에 만난
연둣빛 행복

봄 마중

I.
마음에 봄 길이 나
달래
냉이
쑥쑥 자라고

산수유 노랑 꽃잎
날갯짓
버들가지
살짝
연둣빛 기지개로

돌돌거리며
물길 따라나선다

하루
하루

겨우내 빈 마음에

봄빛이 곱게 물들어 온다.

2.

똑똑

문 두드리는 소리가 너인 줄 알았지

콧노래 소리 함께

흥얼흥얼

가끔은 휘파람 불어도 좋아서

나는

네 옆구리에 팔짱 끼고 함께 나서고 싶어

풍당거리는 추억의 물꼬가 열리고

나는 진달래

너는

무엇이 되어도 마냥 좋아

함께라는 게
이런 것인 줄.
자~
이제 날갯짓을 바삐 하며

조금 더
가까이로
조금 더
아지랑이처럼 아련하게

아카시아

주저리
주저리
그리움의 내음새를 담아

봄날은 바람에 실려 아카시아 꽃으로 핀다

살랑바람은 목줄기에 내려앉고
두견새 울음 쫓는 산자락
산 찔레 길게 목 빼는 늦은 오후

유년의 배고픔을 업고
젖 냄새 담아
그 뽀오얀 속살 터질 때

밭일 간 울 엄니
모시 적삼
산자락에 야윈 낮달처럼 하얗다

봄날은 길고
봄날보다 더 기인 꽃등으로
아카시아 꽃이 핀다.

꽃이 전하는 말을 듣는다

초하
그 계절의 틈 사이에

소곤거리듯
나풀거리며

붉은 듯
노 오 랗 게
하얀 언어로

서로 어울려 살 아 라~
함께 손잡고 살 아 라~

서로
등 굽혀 공손히 인사하며
서로가
서로를 존중함이라 한다.

꽃의 노래를 듣는다

꽃의 노래는
오페라가 아니고
홀로 빼어난 독창도 아닌

그렇게

합창으로 도 레 미~

어울려 고운 화음으로

여름 한날을 향해 뜨겁다

봄날

꽃 보라가 인다.
비에 아침은 젖더니
온 계절이 꽃바람 속으로 잠겨 든다

비속에도
바람 속에도
연분홍 꽃구름이 온 세상을 누빈다.

서로서로 손잡고 노래하고
서로서로 마주 보며 웃는다.

개나리는 노랗게
버드나무 연둣빛 안무가 섬세하고

목련꽃 그늘에서는
피리 불며
젊은 베르테르 편지를 봄마다 읽는다.

피고 지는 봄 천지처럼
내 안에도
봄처럼 꽃이 피고 진다

매일
꽃 대궐에서
꽃 잔치 흥겹다.

봄날이 만들어주는 축제의 날에
나는
주인공처럼 나풀거린다.

장흥 가는 길

겨울은 아직
머뭇거리며
묵은 잔설 사이 눈물로 남아있고
날아오르는 때까치
푸드득~
날갯짓에 겨울 한 자락이 물러선다.

화들짝~
놀란 버들개지
실눈 뜨고 기지개키며
올려다본 하늘가로
엷은 현기증처럼
봄 소리를 듣는다.

딸꾹질하며
성급히 오려는지
살금살금

발뒤꿈치 들고 고양이 걸음으로 오는지

황소걸음으로
쿵쾅거리며 오는 건지
기다림은
늘 그 자리에 똬리 틀고
장흥 가는 길
내 상념도 한겨울 때를 말갛게 지우고 무지개로 산자락에 걸려있다

새 한 마리

창가로 찾아든 작은 새 한 마리

가만가만히 들여다본 작은 눈 속
빗줄기 하나
선명하게 흐른다.

포르르~ 날아간 자리

코끼리 발자국 같은
자국 하나
가슴으로 꾹 찍힌다.
소나기 줄기 하늘까지 닿던 날

들꽃

너는 참 작고 예쁘다
모두 잠든 사이

밤새
사그락사그락
하늘의 별들이 내려와
꽃이 되었다

초롱초롱
꽃잎 열릴 때마다
하늘 하나 열리고

사뿐사뿐
향기 열릴 때마다
마음 밭에 꽃이 핀다.

너는 작지만
커다란 선물이다

나도 너처럼
별처럼
선물처럼
누군가 가슴에 꽃으로 피고 싶다.

봄날 기지개

봄빛으로 샤워한 버드나무
부드러운 머릿결이 바람결에 나부낀다

벙거지를 눌러 쓰고 봄을 향해 나서본다

근처
산에도 봄이 소곤대는 소리로
날마다 파릇거리고

자라난 봄 한 결을 쑥쑥 캐어오니
마음마저 상큼하다

쌉싸름한
쑥 된장국을 먹으면서

겨우내
저장된 자양분을

제철 음식으로 공수한 마음이라 흐뭇하다

내일은
어디로 봄을 뜯으러 나가볼꼬?

기지개를 켜며
봄이 넘실거린다.

새 터에서 맞는 아침

동이 터오는 새벽
남한산성을 품은 산은
또 정수리에 붉은 해를 피우고

서서히
아침을 마을로 쫓아내리니

산 까치 울음소리도
연기처럼 모락모락
품어 나오는 산안개도
새벽
그 맑은 청명한 신선함에
잠을 깨운다

슬리퍼 질질 끌며
부스스 눈을 비비는데
어느새

보랏빛

들꽃 하나가

살포시 웃고 서 있다

참 싱그러운

참 아름다운 아침이

새터에 옮겨온 호사를 누리게 한다.

아침이

좋으니

모두 좋다

5월 연서

돌돌 거리는
봄바람 한줄기

나풀대는
초록 이파리 한 잎

하룻밤
붉은 격정에
견디지 못해 떨어지는
꽃물들인 마음

맑은 햇살에
고이 말려서

5월 닮은 푸른 연서 한 장
날려 보낸다

가만히
누군지 모를
오래된 이름에게로

늘 푸르러라
늘 행복해라

바람이 싣고 간다

초파일 연등 꽃이 피다

수많은 마음의 소망과 바람이
고운 불빛에 담겨 있다

작은 소망을 등불에 동그랗게
말아 밝힌다.

건강하게
행복하게
그리고…

수많은 사람들의
수만 가지 바람이 꽃처럼 피어나고

맞이할 초파일
넘실대는 연등과
불심 사이로
5월 푸른 바람이 분다

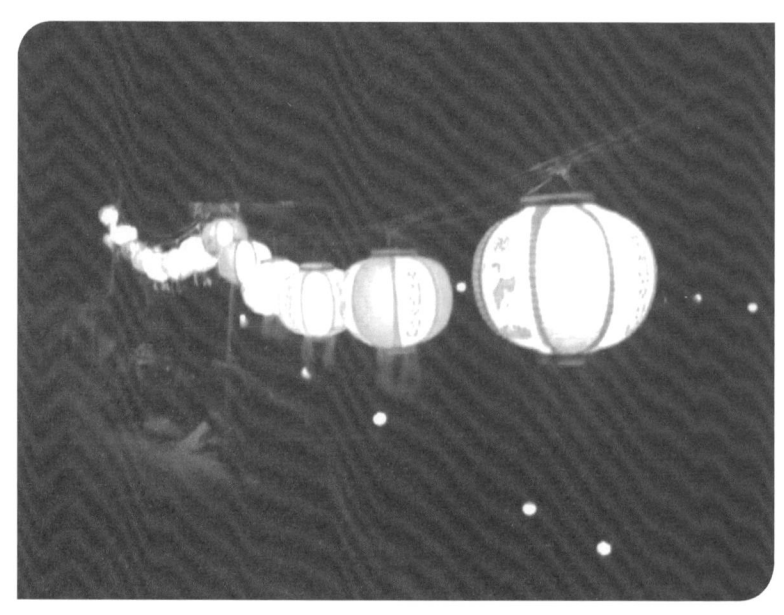

2부

그리움도
때로는

칡넝쿨

여름 땡볕 사이
하늘을 갈망하던 이무기 꿈

맨살로 기어가는 한없는 아우성
온몸으로
온몸으로
세상을 삼켰다

뒤집고
뒤집어도 비늘 한 조각
돋아나지 않고

혓바닥조차 퇴화한
꼬리 잘린 도마뱀도 아닌 것을
너는 알지 못했다

덧없는 여러 날의 꿈

소나기에 씻겨가고
뙤약볕 산허리 한숨을 삼키다

머리 위로
보랏빛 고운 화관 하늘로
길을 열어 주는 널 보았다

냉기마저 잃었던
너의 심장 소리가

하늘로 승천하는 이무기 꿈보다 아름다웠음을

봉숭아 꽃물

붉은
기억의 모서리 하나
곱게 빻았다

풋내 나는 사과 같은
세월이
빛바랜 비망록에서 마주치고

스무 살의 아픈 여름이
모서리 사이로 붉은
오열로 흘렀다

칭칭 동여매어도
내 나이
어느새

진한 물이 든다

지우려는 기억은
더 붉은
선홍의 물 들임이다

그래도
그리운 그런 날이 오면
봉숭아 꽃잎 같은 그런 날이 다시오면

종일토록
가슴엔
봉숭아 꽃물 보다
더 붉은 강 흐르리라

초하

초록 치마 주름 잡고
꽃댕기 메고
버선발에 종종걸음
임 마중 나서는 길

마음은
종일토록 장미꽃 아름 피고

임인 양
반가워라
산 까치 소리

외진 길엔
들꽃 하나 함께 가자 하더니
저만치
지름길에 민들레 하얀 손짓

홀로
먼 길 돌아갈 때

어느 곳이
임 있는 곳인지?

글썽이는
눈시울마다
초록 눈물이 슬퍼라

고향 집

매미울음
미루나무 꼭대기
빨갛게 익어있는

시골집 앞마당
장독대 그늘 삼아
채송화 봉숭아
주인 없는 집에 잘도 피어 있다

쓸고 닦던 엄마 손길
멀어진 고향 집은
낯선 여자분 냄새를 하고 있다

키 큰 해바라기
엄마처럼
채송화 봉숭아 손잡고
매미 소리 떼창으로

여름을 지키고 선 곳

귀뚜라미 소리
한 뼘 정도 더 가까이 들리는 곳에는

무너진 흙담 곁으로
울 엄니 웃음 굴비처럼 엮인 체
돌담을 따라 마중을 나온다

장마

며칠째
하늘은 젖은 머리
헝클어진 채
또 내일을 기다려야 한다

뜀박질하는 처마 밑
맹꽁이 같이 웅크렸다
한번 힘껏 뛰어봐도
젖은 마음은 다시 그 자리에

장마 핑계를 댔다

발밑에 질퍽 이는 게
빗물 탓만은 아닌 것을
그때야 알았다

무거운 건

뚱뚱한 나의 배 탓이 아님을

애욕의 시간이
흥건히
비에 적셔 흐른다.

비 그치면
처마 끝에 젖은 마음 걸어 말려

뽀송뽀송 거리는
하루를 날마다 안고 날아가야지

낙화

배롱나무 아름드리 붉다가
연못 위로
꽃잎이 누워 내린다
내려앉은 하늘 하도 무거워
차마 내리지 못해
하늘 붉게 품은 저 꽃이 진다
하늘이 내려와 꽃에 물들이고
사랑이 내려앉아 온 마음 물들이다
소나기 지나가듯
후두둑~
지는 꽃
깊이 물든 이 마음
어이할까나

3부

가을
그 쓸쓸함에
대하여

추석

지금쯤 고향 집
뒷산에는
툭툭~
알밤 떨어지는 소리
신작로
코스모스
허리 굽혀 반기는
참새 종알대는 들판
야무진 꿈
알알이 영글 테지
타닥타닥
가을이 익는 소리
맨드라미
붉은 꽃잎
조롱박 달랑대는 앞마당
휘영청 달밤엔
여전히

방아 찧는 토끼 이야기
둥글게 둥글게 빚어
달무리처럼 퍼진 정을
집마다
달그락달그락
퍼 올리는 숟가락 소리
가을이
몰래 내려와
훔쳐보고 서 있을 테지

코스모스의 계절

가을이 내리는 날에는
열여덟 순이 볼 같은
발그레
부끄러움 안고 꽃이 핀다
재잘재잘
사춘기 소녀들처럼 소풍 나와
일제히
얼싸안고 춤도 춘다
수 없는 계절은 돌고
강산도 수없이 돌고 도는
세월 속
순이는
엄마가 되고
순이는
할머니가 되고
가을이

또다시 그 자리에

코스모스로 피는 날은

엄마도

할머니도

신작로 따라 추석의 보따리를

머리에 이고

해마다

열여덟 살 순이가 되어

가을 속으로 걸어간다

해맑은 미소를 담아

늘 그 자리에 코스모스가 피면

민들레 홀씨 날아와

저만치 봄 지나
단풍 지는 날에
어쩌나~
철 지난 계절 사이
날아든 홀씨 하나
민들레였다
짓밟힌 희망 하나 품어
시멘트 바닥 사이 뿌리를 내려
초록으로 싹을 틔웠다
간간이
잎이 나고
다시 꽃으로 핀다
쉿~
조용히 기다려야지
희망의 끈을 놓지 않았으니

간이역

코스모스 허리 감아

나눈 첫날 밤

가려 하면

하루

바람이 길을 막고

떠나려면

또 하루

비마저 발목 잡아

오도 가도 못하고 짐 풀어 산다

바람마저

빗줄기에 정들여 산다기에

잠시만 쉬었다가

돌아간단 그 맹세는

첫사랑

못 잊은 가시나처럼

차마

아니 못 떠나서

무정한 세월은 바람의 시가 되고

눅진한

골짜기마다 압화처럼 눌려 있다

되돌아갈 이정표 지운 지 오래건만

기억 속 그 길은 신작로처럼 넓다

그리움 기적 소리 토해내는

밤마다

풀기 마른 우표 붙여

잘 있다는 기나긴

안부만 전해 띄운다

은행나무 아래서

떨어진 은행 몇 알
밟을까
냄새날까 조심스럽다
모두 피해가는데
은행 한 알이
발아래서 쳐다보다가
"냄새난다"
나를 보며
저만치 굴러간다
우리는
은행보다 향기로울까?
밟지도
지나갈 수도 없어
그냥
그 길을 힐끔거리며
돌아선다

입추

장마 그치니
아스팔트 위 해악하던 더위도 몸겨누워 신열한다
하늘과 땅이 오래도록
뜨거운 마음으로 끌어안더니
살짝
또 다른 계절의
길섶으로 비켜 앉는다
잠자리
붉게 물든 날개 접고
쑥부쟁이 난들난들
꽃그늘 아래 숨어 들쯤
노루 꼬리만큼 짧아진 하루해가
해거름을 손짓하며
여름 기슭에 까만 가슴으로 돌아눕는다.
늦더위 지쳐
기다리다 안달 난 귀뚜리 울음
밤마다

담벼락을 타고 가을을

바쁘게 물어 나른다.

가을이 말한다

가을이 문을 닫으려 한다
고이
물들여 내려놓던 단풍잎
눈부시게 푸르던 하늘.
모두를 두고 저 혼자
꼬리 잘린 도마뱀처럼 댕강 내려놓고
두고 가면 그뿐
또다시
새로운 것에 길들여져 익숙해지는 법
저만치
서리서리
동짓달 긴 밤을
어깨에 주려 찌고
또 다른 계절은 성큼 거리며
또 오고
채비를 하자
떠나려는 것에

또다시 시작되는 것에
익숙한 표정으로
새삼스러울 것도 없는 것을
꽃다운 단풍 뒤에
조락으로 이어 시간 시간 속에
숙연함을 배우자
우리의 삶도 그러하거늘.

가을날

가을날은 너무 맑아 유리알 같다
국화차
한잔에
하늘 한 자락이 내려와 앉는다
소슬바람 부는
오솔길에
사그락
사그락
가을이 뒤꿈치 들며 내려온다.
하하
호호
단풍들 이야기 소리
메아리로 엮은
깨알 같은 친구 편지 한 통이
가을처럼 붉어 가슴을 태운다.
헝클어진
세월의 갈피마다 감춰둔

그리움 찾아 쓰는

시인의 눈

하늘

바람

그리고

단풍도

친구가 된다.

아~

가을은 이토록 맑아라.

만추

하마
이렇듯 바람이 술렁대면
갈대숲에 걸린
하얀 낮달 종일토록 슬프고

해거름 등에 지고
붉은 노을
꺼이꺼이 홀로이 울음을 삭이는데
누굴 기다리나?
비어있는 벤치
홀연히 날아 앉은 단풍잎 하나
가을은
무릎까지 차오르다가
붉게
붉게
하늘까지 덮어 버리면
내 마음속

이리도 붉은 단풍은
해 가는 줄 몰라라.

가을 오후

모두 비워놓고

가벼운 걸음

가벼운 마음으로 앉은 가을 벤치

붉은 물 머금은 단풍

송이송이 구름 껴안은 하늘

내가 쉬면 함께 쉬는 것을

바쁜 것은

계절이 아니고

재촉하는 건

세월이 아니라

내 안에서

동동거리는

내가 바쁜 것임을

가을 벤치에 앉아

쉬어가는 구름 하나가

엉덩이 함께 붙이며

따라 앉던 단풍 한 잎에

한 뼘

내 자리를 내어준다

4부

겨울
비울 수 있는
참사랑

초겨울

아직은
붉은 단풍이 손 흔드는 가을의 찬사가
머뭇거리는
회오리바람 타고
연 꼬리 모양을 흉내 내는 낙엽의 무리와
서릿발로 안아 내리는 새벽과
초겨울의 시작은
야윈 볼살을 내어주는
12월의 아침을 기다리는 햇살이
따사로와라
다시 올봄을 위해
깡그리 비어내고
내려놓는 겨울나무들의 애증을
나목 위 빈 둥지에
까치울음 하나가
지키고 서 있다

시래기 예찬

청학리 햇볕마저
웅크린 응달 허수아비 몸짓으로 매달려 있는 시래기
겨우내
누군가의 입맛을 돋우려 고
마른 햇볕도 아닌
햇볕 들지 않는 젖은 응달에
나신으로 옹기종기 걸터앉는다.
그저 하늘을 우러러 한 점 부끄럼 없다는 듯
엉덩이를 하늘을 향해 곤추세우고
바람이 요렇듯 차갑거늘
그래 용서한다.
너의 화려한 부활이
시래기 된장국으로 거듭날 때
그 맛을 곱씹으며
이른 초겨울에 너의 그 희생을 맘에 새기며
기꺼이
"한 그릇 추가요~"를 목청껏 외쳐 주리니

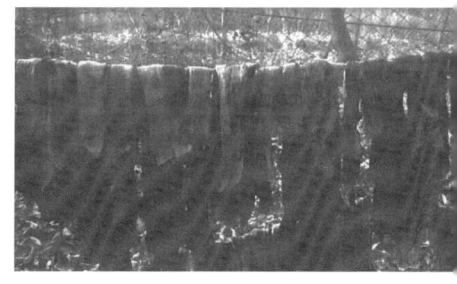

해바라기 꿈

그대 사랑하는 마음이라면
한여름 땡볕 아래도
행복했습니다
그렇게
기다리던 날들은 가고
하나 되는
가을 결실로 만나는 자리
여전히 낯선 얼굴로
외면하며
홀로 돌아눕는 날들은
까만 가슴이 알알로
갈라지고
등 굽은 세월에
오늘은 서리마저 내렸습니다.
사랑해서
행복했음을
오늘도 뽀얀 입김 나는

언어로

그대를 기다린다.

멀건 꿈을 꾸고 있습니다.

까치밥

저만큼 오는 초겨울 섶
간당거리는 희망 하나
나무 끝에 붉게 남아있다
희망도
사랑도
작은 배려도
서로를 위하는 정성스러운 마음인 것을
빙빙 도는 감나무 가지 끝에
까치 한 마리
배고픔을 삼키다
우연히 만난 까치밥
남겨둔 희망하나가
푸른 창공에
꿈을 그리며 훨훨 날아오른다.

겨울비

때로는
기대고 싶은 가슴 한켠에
숨겨 두었던 이야기들이
비처럼 내린다.

종종걸음으로 지나가는 세월 속
인연은 겹겹으로 채워져도

그래서
더 그리운 얼굴들
동그란 빗방울 되어 기억 속에 매달려
그네를 탄다.

겨울비
이리 내리는 날
멀리서 봄기운 같은 사람들이

가슴 안에
찬찬한 걸음으로
겨울비처럼 걸어온다.

크리스마스 즈음에

쌩~쌩~
칼바람이 날을 세운 채
골목 사이
취정꾼처럼 헤매인다.
잿빛 하늘 안고
함박눈이
펑펑 쏟아져야
겨울이 참맛 나는데
며칠째
포근한 4월 같은 날은
겨울다운 겨울을
기다려지게 한다
크리스마스
카드가 톡으로 날아오지만
설레임이나
기다림까지도 잃어버리게 한다.
그럴 때가 좋았는데

기다림이 있고
설레임 가득하고
징글벨 소리 요란한 시내 중심가
어디든
두서넛 마음이 맞는 친구 만나며
무에
그리도 신명 나고
즐거움의 천지였던지.
음악다방 구석 자리에서
멜라니 노래를 신청하며
비엔나커피에 겨울을 녹여
호르륵~ 마시며
추위도 아랑곳하지 않고
늦은 시간까지
택시 잡느라
몇 시간을 도로에서 꽁꽁 얼어도
너무 좋았던

그 시절들

이제는

모두 먼 기억의 발치에서만

자기네들끼리 바쁘고

토닥토닥

우드 캔들이 타면서 내는

그 소리만이 함께

시간을 지켜주고 있는 저녁

이제는

요란함도

크리스마스도

이브 저녁도

혼자 있어도 익숙할 나이가 되었지만

겨울 애상

휘리릭~
바람 사이로 하얗게 눈 내리니
아직
감추지 못한 가을이
붉은 얼굴로 흐느끼는 소리 들린다,
뽀오얀 속살로 드리우면
삽살개처럼 꼬리 흔들며
기다리는 이 좋을 테지만
아직은
떠나지 못하는 마음
시인의 눈은
그리움 젖어 든다
눈 속에 젖은
홍엽 같은 마음
어느새
겨울이다
잘 가라

내가 사랑했던 순간들이여~
부디
부디~
손 흔들며
바람이 눈 위를 걷는다.

고한선

말없이 가다 보니
그렇게 평행선이 될 줄
처음 출발할 때 우리는 그 사실을 몰랐다
너는 너 생각으로
나는 내 생각으로
터널을 지나오니
울림처럼
그때서야
너 가 말했던 너의 말이
내 안에서 울려 나왔지만
끝없이
달려도 여전히 맞닿을 수 없는
고한선
그곳에서…
나를 만나고 온다.

겨울나무

무슨 기다림으로
저리
바람 속에 서 있는가?
철 지난 추억
키 높이로 줄 세워놓고
아직도
어떤 추억을 기다리며
해바라기처럼
목 빼고 서 있는가?
기나긴 겨울밤은
겹겹이 쌓여만 가고
서쪽 하늘 끝에
파란 별빛 지키고 서 있다

겨울과 봄 사이

떠나는 미련은 사람이나 계절이나

마찬가지인가 보다

겨울이

아쉬운 마음으로 힐끔 힐끔거리며 자꾸만 뒤돌아보는데

아랑곳하지 않고

바람은

어느새 파랗게 봄빛 담아

살랑거리는 매무새가

황진이 열두 폭 치마 같고

며칠

발끈하던 추위가

넋 놓고 있는 사이

놀이터엔

아이들 웃음이

벚꽃처럼 벙근다.

촉촉한

19세 순이 얼굴처럼

탱글거리는 날이니

폐포마다

숨어있던

맑은 기운들만 모아

'삘릴리~ 삘릴리리~'

풀피리를 분다

아직은 섣달

그래도

노루 꼬리만큼 길어진 하루해가

겨울인 듯

봄인 듯 사이에서

무럭무럭 자란다

슬픔의 심로

하늘의 별을 깨우고
달빛 고요를 싣고 흐르는
12월

겨울 푸른 종소리가
유년의 언덕배기에서
썰매를 탄다

팽이를 돌리듯 휘돌아 선 자리
세월아~

어느새
여기 와있는데

뒷산 푸른 청솔가지 그때 하늘을 이고

앞 냇가

여름내 무성하던 달맞이 꽃자리
오늘은
둥그런 달무리로 반기니

세월아~

이제
조금 천천히 가자

앙칼진 바람 끝에
찾아온 고향 집

먼지처럼 뽀얀
세월이 쌓여있다

선운사 동백꽃

봄에도 울지 못한 가슴
참고 참은 그리움
가슴에 멍울 되어

흰 눈 뽀얗게 덮어놓는 그 날
홀로
뒷산 기슭에 가슴앓이로 터진 날

목탁 소리 얼어붙고
종소리 꽁꽁 언 곳에

속울음 삭이며 몰래 찾아드는 곳
가슴 한쪽
붉은 눈물 꽃 툭툭 떨어졌다

사랑은
이렇게 홀로 가슴에 꽃 피우다

또
홀로 지는 것임을

선운사
깊은 겨울 골짜기
사랑이
참고 참다 눈물이 되어

붉은 강물 같은
꽃으로 피고 있었다

5부

아낌없이 주는 나무같이

주인 잃은 사랑

요양원 언덕길
한숨 섞인 호흡으로 숨이 차다
숯불처럼 붉게 타던 사랑
마른 장작 속 하얗게 재 되어 남은 자리
잡초처럼 엉킨 머리
주름살로 빗겨 내리고
지문조차 지워진 지 오래된 손끝으로 적어보는 사랑 노래
기다림은
비상구 계단 옆에 먼지같이 쌓이고
녹슨 양은냄비 속 물은
아직도
김을 피운다
죽일 놈의 질긴 인연은
잘라도 잘라도 길어지는 손톱 같아
무너지는 하늘 한 귀퉁이
핏빛 동백
툭툭 떨어진다

한 평 남짓

요양원 병실 안

봄이 홀로 오고 여름도 저 혼자 왔다 간 지 오래

또 겨울은 혼자 올 테지만

마른 바람이

빛바랜 바람만 가득 싣고

요양원 어귀에 나와

속절없는 기다림으로 걸려있다

아버지의 초상화

신다가 버린 짝 다른 운동화를 신고
버려진 세월 속
추억의 돋보기를 찾아 쓴다
배고픔처럼 걸어온
세월 속 아버지는
늘 바쁜 괘종시계였다
굽이치는 세월의 강마다
빛바랜 추억이
허공을 더듬다 댕 댕댕~
아빠였던 아버지는
아부지가 되어
구레나룻 아래까지 서릿발이 시리다.
뻐꾸기마저 집 나간
고장 난 괘종시계 위로
녹슨 아버지 문패를 닦아 걸었다
쇠때를 달아놓은 가슴마다
오작동 경보음은 소리 지르며

아버지 초상화 옆에
벽보처럼 앉아 있다
결핵 환자처럼 격리된 채
슬픔이 각혈 되어 붉은 시가 된다

시골창고에서 만난 부모님

시골집 조그만 창고 하나
어린 시절 추억이 강처럼 흐른다
구멍 난 양은냄비 하나
어처구니없는 맷돌 둘
등 굽은 닳은 곡괭이 셋
엄마가 잡아주던 손
유년의 놀이터가
뽀얀 먼지 속에 기웃거린다
아버지의 젊은 날도
어머니의 푸른 치마도
내 뒤뚱거리던 걸음마도
이제는
먼지보다 더 깊은 세월의 강
헤엄치듯
내 손 잡아주던 엄마
내가 엄마 손을 잡아 찾은
유년의 나의 놀이터는

엄마의 슬픈 놀이터가 된 채
하루가 기쁜 듯
슬픈 웃음 하나 까르르
흐드러진 호박꽃
돌담 위에 마구 핀다

사모곡

산 날보다
살아있을 날이 더 조금 남아 있어 슬픈 날을 담보로
요양병원 입원한 날
돌아오는
걸음마다 흙먼지 풀썩거리는데
켜져 있던 등불
바람 앞에
꺼질 듯 안쓰러움
흐느끼는 세월이
침상 머리맡에
묶여있는 이름표처럼 초라해
흔들리는 하루
다시
돌아갈 수 없는 길은
너무 멀기만 하고
강처럼 흐르는 회한의 눈물
의미조차

잊어버린 독백 같은 읊조림
다리가 제 기능을 잃고
머리마저 제 기능을 다 해 가는
녹슨 시간
쇠 수세미 꺼내 들고
박박
빛나도록 닦아내고 싶지만
마이너스통장
비밀 잔액
약속한 듯 얄팍한 마음
꺼내 보이고
총총히 돌아서는 자식이라는
이름의 존재와 얼굴
어둠 깊은 그곳에서
통탄하며 혼자
속으로 삭이는 어머니
아픈 슬픈 세월

수많은 인연이

하나

둘 줄 끊어진 연처럼 걸려 가시나무 위에

펄럭거린다

기도

서쪽 하늘에

잠 덜 깬 샛별 눈 비비며 언 발 동동 구르고

뽀얀 서릿발

맨발로 서서 기다리는 새벽

그 길 따라가다 보면

세월의 굵은 흔적

정갈하게 쪽 머리로 빗어넘기고

정안수 안은

북두칠성 닮은 허리

굽히고

머리 조아려

골진 손마디 사이로 빠지는

한기 같은 바람들

언 입술 파르르

떨리는 사이

주문처럼

서리 내린 하얀 머리

팔순 할머니의 기도는

끝없이

파랗게 얼어 있다

회오리치듯 날아간 세월

까마득히 잊혀간 기억

시골집 우물가

불현듯

할머니 모습

그 어느 날의 기도로 다시 태어나

이끼 낀 세월 켜켜로

새벽별처럼 반짝거린다

우물 속 던져 넣은

기억이 퐁당거릴 때마다

깊은 윤슬로 할머니 얼굴

아른거린다

사모곡2

엄마는 나무였다
초록의 계절을 다 지나
그늘 내어주고
밑동까지 내어주던 큰 나무
 준비 없는 엄마의 계절에
속절없는 겨울이
성큼 거리며 다가와
까치 빈 둥지 품은 가슴앓이로
속 빈 대처럼 하루가 흔들린다.
슈 쉼 기운조차 힘들어
허파에 꽈리풍선을 불어도
자고 나면
베개 밑
하얗게 낙엽처럼 머리카락 쌓여
말문마저 막아버린 하루가 까맣다
엄마도
볼 빨간 사춘기였을 날이 있었을까

나눠주다

놓치고 잃어버린 청춘

깊은 한숨 꼬리 물고

후 두 둑

서럽게 지고 있다

뽀얀 기억 너머

바람 소리로

추억들만

슬프게 슬프게 흐느낀다

요양병원에서

뽀얗게 서리 내린 창마다
쿨럭거리는 마른기침이 걸려 있다
누구의
부모였던 기억조차 말라버린
앙상한 겨울나무
인기척마저
가쁜 숨소리에 빨려들었고
비명이 노래인 듯 들리는 환청에
해묵은 먼지 사이
줄 타고 내려오는 거미 한 마리
패인 주름 사이
오후 햇살이
더듬더듬 거리며 내려앉는다
종일토록 까치울음에
굳게 닫힌 창살이
혼자 열렸다 닫혔을 뿐
같은 곳을 향해 모인

같은 얼굴들이
거울처럼 바라보다 슬프다
그래도
내일 또 만나자
독백처럼 눈인사 나누며
하루가
아무런 일 없듯이
하염없이 저문다.

저녁놀

낮술 한잔에
벌겋게 물든 아버지 얼굴이
서쪽 하늘 노을 속에 그려져 있다
짧은 가을날에
종종걸음으로
바삐 천상을 향해 떠나시던
그날
붉게 타거라
저 노을처럼
그날이
1979년 10월 어느 날
해마다
가을 깊은 저녁놀이 타면
아버지 그 말씀
붉게 붉게 저며 든다

6부

눈물 반 숟가락
행복 한 숟가락

새벽에 문득 깨어

아직은
모두가 잠에서 덜 깬 시간

조잘대며
나무 끝에 아침을 깨우는
이름 모를 새도 아직은 깨기 전

고요를 깨고
달려가는
자동차 바퀴 소리가 더 크게 새벽을 깨우고 있다

고요를
침묵을 깨트리는 건
어떤 이에게 피해가 될 수도 있겠지만
앞선 세상의 선구자적인 책임일 수도 있다는 것을

누군가보다 일찍 눈을 뜬다는 건

어둠을 일찍 거두고 밝음을

보려는 신념과 의지

문득 깨어있다 새벽에

시인의 향기 모임 있던 날

손 없는 날로 잡은
시향 번개 날

계곡물도
첨벙첨벙 신나는 물장난
개구리 한 마리
돌 틈 사이로 발을 말리고
장맛비도 잠시
젖은 옷 갈아입는다.

첫 만남
얼굴들은 불어난 비에
발길이 묶였나

자판기 커피를 연거푸 마시고
계곡물에
종이배 마음 실어 마중 나간다

빛나는 얼굴들이
소주병에 부딪혔다
맥주잔에 숨었다가
가슴에 터를 잡았다

선물 같은 하루
하루 안에 인연들이 7월 탄생석
루비처럼 붉게 태어났다

선물처럼 살으리라
선물이 되어 살으리라

빗방울도 함께
내 마음을 향해
환호성을 지른다

하늘이 주는 위로

몇 날을 그리도 애태웠던가
울음 삼키던 속내를
다독이다
다독이다가

더는 두고 볼 수 없다
어머니 같은 마음으로 함께 울었다

푸석이 던 마음 밭도
거북 등 논두렁도
더 아무 말도 하지 않았다

위로해주며
함께 울어주는 하늘

천둥은
힘내라 응원 보내고

번개는 축포로 반겨주는 오늘

자연의 위로가
칠첩반상보다 더 행복하다

잘 닦은 수저처럼
몇 날 근심이
말갛게 헹궈진 채
쨍그랑쨍그랑 빛이 난다

비와 커피

밤새 내리는 비는
까닭 모를 슬픔

아는지
모르는지

너는 검은 머리 살랑거리며
내게로 온다

희 노 애 락이 너와
퐁당거리다
내게로 헤엄쳐 온다

농익은 애환
찻잔 속에서
검은 그림자를 벗어내고
달콤함으로 적신다.

가끔은
신물의 고통이 대수랴
너는
나의 아름다운 친구임을

오늘도
밤비 하얗게 쏟아지면
까맣게 너를 마주해
한밤을 지새운다.

마음속 섬 하나

마음에 섬 하나 떠있다
그 섬이 외로워

때때로
미워하고
불평하고 불만이라는
무성한 잡초만 자라 먼지 날리던 날

내 섬으로
날아든 희망의 씨앗 내 아이들

세상에는
사랑과 감사와
평온과 은혜가 얼마나 충만한 줄

나의 섬에
뽀드득뽀드득

윤기 나는 매일 아침 해가 뜨고
살찐 달빛이 밤을 열었다

나는 섬 주인
섬 집 아기들

섬과 섬 사이 길이 생기니
나의 섬에도
푸른 하루가 싱싱한 호흡으로

꽃이 되고
나무가 되어 되살아난다

행복을 다림질하는
매일이 된다

감사하며 살자

감사하며 살 일이 얼마나 많은데
투덜이처럼
우리는
늘 투덜대는 습관을 지니고 산다.
이럴 때는 이래서 투덜대고
저럴 때는 저래서 투덜대고
가만히
숨죽이고 있다가
문득 숨 쉴 수 있음이 감사하고
때로는
화낼 수 있음도
버럭 된다고 혼내는 내 이쁜 새끼들이 있음이 얼마나 감사한 건데
어둠이 깃든 현관문을 열고 들어설 때
유치한 듯 매달려 뽀뽀해주는
그런
아이들이 있음이 새삼 감사해지는 건
아이를 잃어

혼미한 정신인 가진 이웃을 경험해야

그때서야

평범한 일상들이 내게서 얼마나

귀하고 복된 시간이라는 걸

깨닫는 아둔함이다

감사하자

불평도

불만도

다 욕심이 넘쳐나서인 것을

조금만 채워지는 것에 만족하고

그대로의 현실이

얼마나

소중한 것임을 인지하며

사랑하는 것들을 사랑하며

오늘을 아끼며

"뭣이 중헌디~"

깨달음이 주는…

치유를 위한 비상

늘 날아오르는 꿈을 꿨다

낙화하는 꽃잎으로
가을바람에 난무하는
낙엽들로

나를 뉘고
슬픈 떨림에 비상하는 꿈을 실었다

날아오른다는 것은
가벼워져야 한다는 것

버리고
비우고
가다듬어 내 속의 나마저
씻겨 내리는 것임을

조금
조금 더 위로

내가 정갈해져 가는 때
그때
나는 비상을 한다

이제
돌아갈 수 없는 지난 것
기억에서 말갛게 건져내어

첫눈처럼
설렘 실어 함께 날아본다
보라~
비상이다

나도 이런 때가 있었을까?

젖 살 빠진 얼굴에서
낯설지 않은 아가씨 향기를 느낀다.
언제나
내 품 안에서 그렇게 응석받이로 있을 줄 알고
내 곁에 머무를 때는
훌쩍 컸으며 하고 바랐는데
그럴 줄 알았으면
더 많이 안아주고
보듬어주고
칭찬을 아끼지 말 것을.
혹여나 엄마 외로울까 봐
알바해서 갚는다고
강아지를 내게 선물해준
그리고
지하철에 붙어있는 시 하나를 옮겨와
엄마 생각이 나서 너무 슬프다는 우리 딸
그래

네가 내 딸이라서 엄마는 행복하다

늘 사랑 깊은

나눌 수 있는 게 많은 넓은 가슴으로 살아라.

엄마는 늘 네 편이야~

자화상

바람처럼

물처럼 떠나다 만난 세월이

소처럼 깊었다.

애달픈 생을

등에 업고

저녁놀 붉은 길을 달팽이 걸음으로 걸었다

애벌레로 살아온 날들은

등 굽은 채 퇴적암이 되어가고

훨훨

날갯짓 꿈꾸던 그곳은

자갈 가득한 황무지

완전변태를 꿈꾸며

밤마다

젖은 날개 달빛에 걸어 말렸다

수심 깊은 생의 한가운데

돌아누운 세월은 말이 없고

애증만 조약들로 반짝인다.

한숨 섞인

들숨이 날숨을 빌려

작은 돛을 올리고

엉겅퀴 같은 손이 노를 저었다

삼백예순다섯 날의 강 저편

반백의 내가 서 있다

달도

별도

바람마저 잠든 사이

세월의 강은 저 혼자 왔다 가고

내일로 가는 하얀 길로

나를 닮은 조각달 하나

허공에 진다

시인과 술꾼

서로 한 끗 차이
펜 끝에 시심을 술술 쓰다가
술잔에 시 같은 술을 철철 따른다.

시 속에 술이 자분자분 고이면
시인은 술을 홀짝홀짝 마시고
술잔 안에 시가 넘실넘실 거리면
술꾼은 시를 꿀꺽꿀꺽 마신다.

어느새
시인은 술에 취하고
술꾼은 시에 취한다.

한 끗 차이
어느새 시인은 술꾼이 되고
술꾼은 어느새 시인이 된다

매일의 일정 중에

언제부터인가 시작된 할 일이
석현이 레슨 모시고 가서 100분 동안
지키며
기다리는 시간이 추가되었다
흥미롭게
재미있게
하고 싶은 일이 있어진다는데 감사하며
열심히
애써서
진로에 도움이 되기를 간절히 바라본다
유난히 오버스윙으로
주체할 수 없는 힘이 있어서
섬세하고
정확한 스윙을 힘들어하더니
차분한 프로님을 새로 만나면서
조금씩
아담하게 백스윙도 하는듯하고

교감이 이뤄져서
올 한해 좋은 결과로
원하는 곳에 가서 새로운 경험을 할 수 있는 발판이 되기를 기원해
본다
석현
엄석현 팟세~

처음처럼

얼마나 상큼하고

얼마나 정겨운 말인지

사람과 사람 사이

졸졸거리는 시냇물같이

모든 일에

두근거리는 설렘으로

생각이 흐르고

느낌은 폭 넓은 강으로 깊어라

하루가 처음처럼

우리

삼백예순 닷샛날

말갛게 세수하고

분칠하고

처음처럼

오늘도

가슴이 휘파람 분다

유진이에게

새로운 교복을 사고
새 신발도 사고…
유진이 여고생이 되는구나!
아련히
엄마의 그때를 기억해본다
마른풀 꽃처럼
책갈피 속에 숨어있는 압화처럼
고스란히
마음의 갈피에 담겨 있는 그때의 기억에는
지금과는 다른 궁핍한 시골 생활로
교복 한 벌
새 가방 하나 사는 것만으로도
마음이 깃털처럼 부풀고
세상에서 내가 가장 행복한 사람인 양 그랬었지
엄마는 고등학교 입학시험에서 전교 6등으로 장학금을 받았고
상승 기세로 열심히 공부에 전념하던 중
지금의

우리 유진이처럼

사춘기가 오고

또 이성에 호기심을 느끼던 때

우연히

국어 시간의 한 수업의 일종으로

그때는

국군 아저씨들에게 위문편지를 쓰는 게 행사였고

수업시간에 시작한 위문편지 한 통이

우연한 인연으로

편지가 오가고

그러면서

조금씩 공부보다는 편지를 쓰고 기다리는 것이 더 커져 가면서

주위에

수학 영어 문제를 들고 와 알려 달라고 몰려오던 친구들이

고3이 되었을 때

여전히

엄마가 공부는 잘하는 줄 알고…

다시 찾아왔을 때

그때 엄마는

수학 문제 답을 그냥 찍을 수밖에 없는 실력으로 하락하고 있었고

그 친구들 앞에서

처음으로 스스로를 자학하고

후회하고 자괴를 했지만

시간은 되돌릴 수가 없었지

유진!

엄마가

이렇게 엄마의 경험으로

그리고

엄마를 닮은 너의 그 성향도

조금은 우려되고

더구나

지금 새롭게 시작하는 새 학기에

새로운 마음가짐으로

나중에

후회하는 엄마의 전철을 밟아가질 않았으면 해.

좋은 친구

멋진 남자친구

아니라고 해도

지금의 너 나이 때는

조그만 것에도 오롯이 마음이

빠져갈 수 있고

그래서

모든 것에 단속을 했으면 하는 노파심이 생겨

공부가

인생의 전부는 아니지만

공부를 안 해서 정작 나중에 네가 하고 싶은 일이 정말 생긴 게 공부가 걸림돌이 되면 안 되는 거잖아.

울 유진!

열심히 하는데 잔소리라고

그렇게 말하진 않겠지?

엄마는

늘 친구 같은

마음이 곱고 따뜻한 울 유진이가 너무 좋아

아직은 볼살이 귀여운 아기 같은데

뭐 그리 할 게 많고

하지 말아야 할 건 또 그리 많은 겐지

때로는

그런 현실이 엄마도 싫지만

그것도 다 지나가는

성숙되고 어른이 되는 과정이려니~

엄마 딸 유진!

새 교복만큼

새 마음으로 정갈하게…

정진하기를 간구해 본다

엄마도

이제 너 옆에서 공부 좀 해야겠다

엄마는 늘 네 옆에서 네 편으로
믿고
엉덩이 밀어줄게
끙차끙차

알지.
사 랑 해 유지나
**** ****

이랬던 기억이 엊그제 같은데
벌써 악몽 같은 고3이
과거같이 여겨지는 시간이 되었다
친구들은 대학을 가고 1년이 되어가는 시간 스스로의 시간에 빠져
자기 치장과 겉모습을 꾸미는 것에 많은 시간을 보내더니 이제 슬슬
공부를 해야겠다니
속으로는 그랬다 '도대체 머리에 뭐가 들었니?'
엄마 기준으로 건설적인 사고와 앞날을 계획하고
아니란다 후회 없단다.

이직도 티 없이 맑아 엄마 아빠가 영원히 자기만 사랑해주는 열성 팬이라고 믿으며 행복하다는
우리 딸 유진
고운 심성에
그래도 누군가를 위해 심리학을 공부하고 싶다던 예전의 꿈이 되돌아 왔다며 도서관을 가서 책을 본다니
그래 너 말처럼 공부는 하고 싶을 때
하고 싶은 공부를 하는 거라고
믿는다.

속마음 버스

유진이와 탑승을 했다.
오빠한테 어려서부터 밀려서인지
마음속에 늘 미안한 마음이 가득했고
그 마음을 고스란히 전해준 적이 없어서
더 안쓰럽기도 했던 터라 좋은 기회라고
단둘만의 시간을 만들어냈다.
순순히 따라나서는 걸 보면 은근 기다린 눈치다
여의도-마포대교-자유로를 돌아 다시 여의도로 돌아오는 한 시간
반 남짓 한 시간.
나는 미안함을 얘기하면서 뭉클한 마음에 찔끔 눈물이 흐르기도 한데
유진이 그런
멘트가 스피커를 통해 나오고 하는데 쑥스럽단다.
창밖으로 만개한 벚꽃이 꽃비처럼 날리고
아파트 사이로 일몰이 붉어 또 저무는 어둠 사이
그래도 제법 많은 것들을 말하고 느끼며
몰랐던 모르고 지났던 모습에 황당하기도 했고
그래도

가족과 행복이란 단어로 마무리하며
두 손을 잡았다

수액을 맞으며

올 것이 왔다
한계를 느끼는 신체 신호인지
며칠 전부터
명치끝으로 거북스러운 느낌이
스멀거리더니
꾸역꾸역
애써 나쁜 기분을 삼키며 지냈는데
드디어
움켜잡는 듯한 통증에
식은땀이 흐르고
경련을 일으키는 행동으로
엄습해온다
쓰러 안으며
진정시키며
홀로 링거에 의존해
통증을 잊어 보려 했다
건강해야지
어디 한 군데라도

조금 부실해지면 온 하루가 거북스럽고
삶의 질이 갑자기 돌변한다
온 신경이 명치끝에만 몰려있던 며칠
이제 좀 나아지겠지
아직도
할 일은 남아 있는데
석현이 연습장
유진이 10시에 데려와야 하고
울 머슴은
언제 오려 하느뇨?
전화라도 해 봐야겠다
꼼짝도 하지 않던 위가
조금씩
꼬르륵
소리를 내면서 움직인다
자고 나면 괜찮겠지
위로하면서…

함께하는 봄 기슭

산란하던 봄 햇살이
오후 들어
게으른 하품 그 속으로 나를 이끈다.
전력 질주를 하며
하얗게 날아가는 공이 부르는
경쾌하다 못해
쨍그랑 유리알 깨지는 소리로
관통하며 날아가는 연습장.
구석진 벤치에서
석현이 매니저로 와서 앉아있는데
무거운 눈꺼풀은
자꾸만 서로 아래위 자기들끼리 키재기를 한다
솔향이 난다는
석현이 독백이 초안산자락에
천둥 치다 메아리로 지고
햇살 아래
꼬박

꼬박

졸리 운 나를 일 끼워.

드라이버샷을 날려본다

나도 깨고

봄도 깨고

깨어서 함께 가는 봄날 오후에

또 살며시

바람이 인다.

울 엄니와의 하루

세월은

손잡아 나를 일으켜 세우던 울 엄니가

이제는

내 손을 잡고 일어서 선다

봄볕이 아름으로 내리는 날에

그래도

꽃그늘 사이 꽃처럼 웃는 모습이 좋다

엄마 꽃이

제일 곱고 아름답다

나도 모처럼 따라서 꽃처럼 웃어본다

부디 여기까지만~

더 아프지 말고

더 잃어버리지 말길

곱게

곱게

간절함을 모아본다

고해성사

임에게
덮어둔 마음
오늘 열어 봅니다
유난히
아픈 손가락 하나 있어
아리고
저린 맘 내려다 눕힙니다.
나를 버리고 산 것도
죄이어야 했던 날부터
벙어리로 말 삼킨 지 오랜 시간
빛바랜 언어가
수북이 쌓인 명치끝
더듬더듬
옹알이같이
회한의 세월이 걸려 펄럭입니다
모래톱 사이로 빠져나간 세월도 모자라
아침이 온 줄도 모른 채

깜깜한 오밤중

밤을 낮 삼아

임 향한 고해가

이제야 거기 있었습니다.

내 삶의 낱알 하나

부디 무성한 싹 틔워

밤하늘 별처럼 총총하기를

새끼발가락 사이사이

물갈퀴 생겨나

세상 한가운데 나아갈 수 있기를 기도합니다.

벽 너머로 촛불

내 기도 소리를 끌어안고

허리 굽혀

울음 삼키다 흐느끼는 눈물입니다

이혼 연습

3평 남짓한 카페
빨래터에 널브러진 낡은
꽃무늬 팬티 조각처럼
세월을 제법 걸쳐 입은
얼굴들이 모여 앉았다
에스프레소
헤이즐넛
커피믹스 향 다른 삶이
소프라노 음색에 섞여
하릴없이 이혼 연습의 늪은 깊었다
아파트는 네 것
아이들은 내 것
아니
아니
전부 다 내 것
어머님만 당신 것
아니

아니

잘못했다

나도 네 것이라고 해

구차하게

이혼 연습을 하다가

선전포고 같은

각시 말 한마디에

신랑은 바벨탑처럼

뻘겋게 무너진다

기력 잃은 어머니의

슬픈 역사가 카페 언저리에 머물다가

가시처럼 마음에 걸려

하얗게 새되어 날아간다

내 것

네 것 갈라놓던 그 각시도

언젠가는

당신의 어머니가 되어

세월의 늪 사이로 내동댕이칠지 모를 내일은

뜨거운 커피 속으로 녹아내린 채

여전히 커피 향은 곱고

아직도 나눠야 할

내 것

네 것 사이로

붉은 저녁놀이 말없이 진다

남편의 꿈이 자라는 곳

남편의 소망이 하나둘 이루어 오는 날이다
사무실 이전과 인쇄기 새로운 직원들까지 꿈을 싣고 들어섰다
여기저기 중소기업들이 쓰러진다는 소식을 들을 때마다 잠을 이룰 수 없을 만큼 신경도 쓰이지만 늘 자신의 일에 자부심과 성실함 책임감이 강하니 믿음이 간다. 집에서는 가장으로 회사에서는 리더로서 모두 사랑하며 아끼고
지혜와 통솔력과 늘 따뜻한 가슴으로 사람과의 인연을 소중히 여기는 남편이 되기를 기도한다.
공장 기계 새로운 사무실로 세팅되는 지금.
설레임과 부푼 꿈들이 어우러져

이제는 남편의 꿈이 우리의 꿈이 되어
힘차게 돌아가
주길 기도해 본다.

평범함이 주는 의미

아침에 일어나
신문을 들고 변기에 앉을 수 있다는 것
그리고
창문을 열고
비가 오는지 눈이 오는지 확인해보는 것
커피 한잔을 들고
흐트러진 옷가지를 발끝으로 걷어차며
아침 연속극을 혀 차며 볼 수 있다는 것
때로는
쇳소리로 아이들에게 목에 핏줄 세워가며
잔소리할 수 있다는 것
이른 점심시간이지만
함께 점심 하자며
불러주는 이웃과 함께
어떤 날은
낯선 이름 하나를 씹기도 하고
어느 날은

내가 그 입방아 질에

뽀얀 속살이 드러날 수 있어도

까만 12시

새벽 1시

흐트러진 옷매무새로

휘청대며 현관을 들어서는 남편에게

도끼눈을 하며

쳐다볼 수 있다는 것도

새로운 해가 뜨고

또 어둠을 싣고 하루가 저물어

딸그락

거리며 밥상머리에 앉아

서로의 하루를 말할 수 있음이…

그렇게

매일이

그날이 그날

같아 매너리즘에 빠져

일탈을 꿈꿀 수 있는 날이
그럴 수 있게 해서
그럴 수 있어서
그렇게 하게 됨이
감사하다고 느끼며
그 소중함 때문에 가슴이 뜨겁고
모두가
사랑스러움이었음을
우리는 지나치고 살았음을
그렇게 하지 못 할 뻔한
이유와 대면하고 나서야
이렇게
하루를 평범하게 지낼 수 있음이
얼마나
행복하고
간절함인지.

화마가 덮친 어느 날

그래서 평범한 일사의 소중함을 실감해본다

얼마나 감사하며 하루를 살아야 하는지도….

엄마 생신

82세
엄마의 생일 저녁이 곱다
사위가 준비해온 케이크 꽃바구니
그 속에
엄마의 맑은 웃음이 피고
달달한 케이크 안에서
감사한 가족들의 사랑이 숨어 웃고 있다
울 엄마 "냅 둬라~"
어느 광고 멘트처럼 울 엄마도
냅 둬라 냅 둬라~
여든둘의 얼굴에서
18세 소녀의 미소를 찾았다
사랑이
강물처럼 흘러 가족이란 끈으로
묶어준다

나들이

동상이몽 아니 동상 삼몽인가~
같은 곳을 가면서 우리 어쩜 세 곳을 나누어 보는 모습이 되어 버린 듯 그래도 훌쩍 아들 녀석 캠프 떠난 날 딸과 오롯이 함께한 시간에 정열을 쏟았다 둘로 나눌 수는 없지만 때로는 하나를 위해 온전히 엄마 아빠를 줄 수 있는 시간도 명약이 될 듯. 아들과 딸을 사랑하는 방법이 가끔은 다르다는 걸 몸소 느끼면서…. 또 어느 날에는 아들 녀석과는 황소 같은 사랑으로 그렇게 엄마 아빠는 마주 서야 할 것도 잘 안다 팍팍한 시간 속에 그런 작은 시간이 모여서 어느 날에는 또 나눠 줄 수 있는 사랑으로 거듭날진대

팔월 스무사흘

보름을 넘겨
온갖 사물이 결실을 간구할 즈음
해는
바쁘게 서쪽 하늘을 향해가고
어느 동네
삽짝에는 고추가 달려 있지 많은 금줄을 정성스레 이 걸어내는…
그리고
오십 한 번째
"늘 애인 같은 당신의 생일을 축하하며…."
거래처 손님들과 라운딩 후 2차 참석으로 저녁 약속을 못 지켜서 미안했던지 꽃바구니를 보내왔다
그런데
바구니를 아무리 뒤져도 다이아 반지는 없는 게다
그래도 감사하다
건강해서
~still you~라니 감사할밖에
때로는 출근길에 구멍 난 양말을 챙겨줘도

늘 나만 행복하다면 좋다고 하니

오래 쓴 그릇처럼

오래된 친구처럼

편해지는 듯하다.

석현인 앵두 빛 립스틱을

유진인 팩이랑 섀도우를 챙겨준다

믿는다.

나는 매일 행복을 빚어내는 마술사라고…

어제도

오늘도

그리고

Forever~

***

2.

마누라가 무섭긴 무서운가 보다

약속을 허겁지겁 치르고

서둘러 온 시간이 11시

온 식구가 모여 축하 노래도 부르며
울 엄니
딸내미 생일이라고 신명 나게 손뼉을 치신다.
그 늦은 시간에 케이크까지 챙겨오는
성의가 가상하고
꽃바구니 속에 다이아가 있을 줄 알고
잦다가 눈 빠지는 줄 알았다고 했더니
"헐~" 하더니
어느 틈엔가 얇지만 무겁게 '금일봉'을
숨겨놓은 센스까지…
와인
샴페인도 아닌
걸쭉한 막걸리 한잔으로 러브샷을 해보면서
새삼
내 사랑에 대한 크기를 가늠해 본다
나~ 사랑받는 여자야~

컴퓨터 바탕화면에

컴퓨터를 켜다가 깜짝 놀랐다
이렇게 잘생긴 얼굴을 바탕화면으로 설정해 놓은 게다
요즘 아이들
부모와 의견충돌도 심하고
또 이해하는 어려움도 크고 해서
어쩌면
갈수록 부모의 시선을 피하려 하는데 요즘 10대들의 모습이라는데
이렇게
부팅 음과 함께
우리 모습을…
나름
마음에 위안이 되기도 한다.
그래
우리를 싫다고 피하지 않으면 된다.
사는 게 별거 있겠냐?
서로 눈길 피하지 않고
바라다볼 줄 아는 마음이 살아 있으면 되지

오늘도
컴퓨터 화면 전체에
우리는 빙그레~
웃고 있다

좋은 인연

역사를 이루는 분들.
백지 위에
모래성에
역사를 쓰기 위해 애쓰시는 분들
곁에서
옆에서
따뜻함과 섬세한 눈빛으로 지켜주시는 분들
한 걸음 한 걸음
성숙해가며
한 걸음 한 걸음 발전의 계기를 주시고
이끌어주시는 분들.
교수님
프로님
그리고 선생님들.
부모 같은 마음이 있어
함께 갈 수 있어서
힘들다지만
희망을 꿈꾸며 산다.

가족이라는 이름

어려울 때 가족이

힘든 일이 있을 때

가족이란 끈이 얼마나 강한 힘이 되는 건지…

어려운 일

힘든 일을 겪어보지 못한다면

그 의미를 모르고 지나칠 텐데.

가족 때문에

가족으로 인해

가족이 있으므로

가족을 위해

불끈 힘이 솟고

신발 끈도 단단히 고쳐 매고

다시 뛸

다시 날아갈…

고맙다

우리가 있어서.

나를 위로하는 말

그래
그러면 되지
내 안에 있는 내게로
오늘도 토닥여 나를 달랜다.
그래
괜 찮 아
어제도 그랬듯이
내일도 언제나 괜찮은 날들이 기다리고 있을 테니
무슨 걱정이야?
가야 할 길로
모두가 알아서 스스로 가는 것인데
봐
괜 찮 지?
잘 가지?
아무 일 없지?
조용히
그냥 기다려 주면 돼

네가
무엇인가 해주려고 애쓰기보다는
묵묵히
오늘도 기다려 주었듯이
내일도
매일
나는 내게로
이런 주문을 건다.

중소기업의 희망 풍경

일요일
중소기업 대표의 인생 스토리와
교육을 합친 생일이벤트
이런 자리에서 감사와
소개와 의견을 마이크 잡고 많은 사람들 앞에서 이야기한다는 건 무척 어색하고 사실 긴장된다
대표진 사모들은
갑자기
말할 거리를 찾고 짧은 글을 쓰고
조금씩
조금씩
우리는 어색함을 거두고
서로 챙겨주는 사이가 되고
이미지 수업은
언제 어디 누군가를 만나도 어색하지 않은 조화롭고 잘 어울릴 수 있게 함이 기본임을 깨닫고

자기계발 관리에
좀 더 신중해야 함도 배우고
많은 분들에게
2차 생일축하를 받으며
앞으로
더 소외되고
힘든 사람들에게 보탬이 되는 나를
정립하는 기회를 잘 다듬어 발전해야 하리라~
가슴에
그런 꿈들이 수 북 이 내린다.

내 나이 칠십하고 어느 날에

내 나이 칠십하고 며칠 지나면
친구 같은 남편 엉덩이 밀어
산 깊고
물도 깊어
정이 더 깊은 그런 곳에 터 잡고 살아야지
복숭아꽃
살구꽃
봉숭아 채송화 마당 가득
별처럼 뿌려놓고
계절이 들어오는
동쪽으로 창을 내어
들꽃 한 아름씩 채우리라
아침에는
새소리 섞어 커피 마시고
저녁 달빛 벗 삼아 시 한 줄 적으면
심심한 바람 오다가 읽을 테지
뒤뜰 채마밭 사이

감자 몇 알
콩 서너 알 숨겼다가
먼 길 찾아오는 친구 위해 보물처럼
꺼내리라
봄 여름 가을 겨울
쉴 새 없이 찾아오면
긴 치마 붉게 갈아입고
길잃은 노루같이
뛰어다닐까?
해 산 물 구름 바람
모두 불러다 친구 하면
나는 더 좋아 외롭지 않을 테니
내 나이 칠십 하고 며칠 지난
그 어느 날에

부록

중소기업의 꿈이 내린다
― 매스컴을 통해 기업이 소개되다 ―

 문재인 정부 출범 6개월이 넘어가고 있다. 국정 수행 지지도 고공행진 중에 문재인 정부의 정책에 대한 세부적인 부분도 체크해 볼 필요가 있다. 문재인 정부는 국정 최우선 과제인 일자리 창출에 대해 중소기업들이 주도적 역할을 할 것이라 기대하고 있다. 중소기업을 운영하는 이들의 기대가 큰 지금, 중소기업 관련 의미 있는 자리가 진행되었다.

 지난 11월 15일, '맥콘아이티'에서 맥콘아이티 정용석 대표, 맥콘아이티 구성희 여성대표, 맥콘아이티 김평수 창업주, 아신글로벌 이성욱 대표, 인하 김병화 대표, 맥콘아이티 최익규 총괄, 서주산업 엄세호 대표 등 중소기업체 대표들이 자리를 함께했다. 이들은 모두가 기업을 운영하며 한 번 이상 '고난의 행군'을 했던 사람들이다. 사업을 하며 한 번쯤은 '쓴맛'을 본 이들이 세계 진출을 앞두고 컨소시엄 설명회를 통해 함께 자리했다.

 … 광고 …

 in Read invented by Teads

 맥콘아이티 최익규 총괄은 개회사를 통해 "중소기업들이 해외 마케팅이나 여러 인프라에서 취약하다. 그 부분을 보완해서 시스템화해서 체계화해야 한다."는 요지로 컨소시엄의 취지를 설명하며 행사를 시작했다.

이날 컨소시엄은 신제품 '애로고(ERROGO)'란 이름의 '마스크팩'을 중심 소재로 진행됐다. 라틴어로 '도도함, 당당함'이라는 의미를 담고 있는 애로고는 세계시장을 겨냥하고 있다. 이에 맥콘아이티 정용석 대표는 "가장 한국적인 것으로 한국을 알리자는 취지."라며 "'낙관 모양의 로고와 빗살문을 통해 한국적인 것을 표현하고자 했다."고 강조했다.

맥콘아이티 김평수 창업주는 "문재인 대통령이 당선되면서 중소기업 협업화 발표를 했다."라며, "우리는 이미 2년 전부터 중소기업 컨소시엄을 시행하고 있었는데, 그 부분과 일맥상통하는 부분이 있어서 자부심을 가지고 있다."고 문재인 정부의 지원을 기대한다고 밝혔다. 또한, 아신글로벌 이성욱 대표는 "한 업체가 하면 빨리 갈 수 있지만, 다 같이 가면 멀리 갈 수 있다."며 협업의 중요성을 강조했다.
  잇츠한불, "中 사업 본격화⋯ 합병 후 최대 인사 조직 개편"

'평범한 삶'을 살아왔다고 자부하는 맥콘아이티 정용석 대표는 "제 꿈이 저처럼 평범하게 살아온 사람들이 정말 성실하게 노력하고 최선을 다한다면, 우리 사회에서 누구나 자기가 원하는 만큼 갈 수 있다는 것을 보여줄 수 있는 모범이 되는 사람이 되는 것."이라며, "지금까지는 굉장히 힘들었고, 컨소시엄을 통해서 중소기업의 새로운 기틀이 마련되는 계기가 되는 것이 바람."이라고 철학을 밝혔다.

맥콘아이티 구성희 여성대표는 "수출 사업 도중 힘든 시기를 거쳐 결국 회사를 정리했다. 이번 기회를 통해 여러 대표님과 한마음 한뜻으로 다시 시작하고자 이 자리에 참여했다."라며 "여성 사업가로서 발생할 수 있는 애로사항을 같이 머리를 맞대고 합의하고 고민할 수 있는 기회가 되길 바란다."고 말했다.

서주산업 엄세호 대표는 "일로 시작해서 일로 끝이 날 것이기 때문에, 제가 잘 할 수 있는 일을 맡아 하고 있기 때문에 만족스럽다."고 소회를 밝혔다. 인하 김병화 대표는 "중소기업의 애로사항은 아무래도 자금이라고 생각한다. 예전부터 그래왔다. 모든 정책이 말로는 중소기업을 위한다고 하지만 사실 대기업에 유리한 게 사실이다."라며, "대기업을 위해서 살아야만 하는 중소기업이 되어버렸다."라며 중소기업에 대한 지원을 강조했다.

특히, 이번 중소기업 컨소시엄은 가족들이 함께하고 있다는 점에서 주목할 만하다. 컨소시엄에 참여한 기업들은 인재 양성은 늘 필요한데, 현실적으로 할 수 있는 것은 자녀들을 먼저 육성하는 것이라는 데에 입을 모았다. 이를 위해 맥콘아이티는 사모진과 함께 주기적으로 회의를 하며 사업에 자녀를 참여시키며 사회적 책임감을 키워주고 있다고 언급하기도 했다.

향후 계획과 관련하여 맥콘아이티 관계자는 "마스크팩뿐 아니라 사회적 이슈인 미세먼지 관련 화장품을 비롯하여 센서기술을 바탕으로 한 보안시설과 4차산업혁명을 바탕으로 한 제품을 연구 중."이라며 "중소기업이 당당하고 행복하게 사업할 수 있는 분위기 조성을 위해 앞으로도 주기적으로 만남을 갖고 모두의 성공을 위해 다양한 방향으로 서로 지원할 계획이다."라고 밝혔다.

한경닷컴 뉴스팀 newsinfo@hankyung.com

✏️

　남편과 중소기업 대표분 들의 꿈을 시작으로 큰 포부와 지금까지 현장에서의 경험을 바탕으로 우리나라 기업의 나아갈 길과 중소기업이 성장 발전해야 하는 이유와 의무와 책임감을 가지고 다시 뭉쳤다.
　공부하고
　절실하게 필요한 여러 가지 사안들도 함께 토론하며 비상할 수 있는 다지기에 최선을 다하고 있다.
　아직은 힘들고 어려운 일이 한두 가지가 아니지만, 이기고 헤쳐나가 이제는 우리나라뿐만 아니라 세계적으로 그 명성과 기술력 브랜드의 가치가 높아져서
　그로 인해 모두가 잘살고 행복한 우리나라가 되기를 소망해 본다.
　사회적 책임도 함께 늘 말씀하는 우리 대표진들께 무한 격려와 박수로 응원한다.